平光雄
Taira Mitsuo

子どもたちが
目を輝かせて聞く
偉人の話

致知出版社

まえがき

偉人伝は、人間学の宝庫です。

幼い頃読んだり、親や教師から聞いた偉人伝に感化され、自分の人生のモデルや努力目標とすることによって偉業を成し遂げたという人は数多います。

私は、教師として、毎年子どもたちに偉人伝をたくさん読むように勧めてきました。

子どもたちを見ていると、偉人について、マンガなどでそれなりに興味はもつのですが、読む冊数としてはとても少ないのが現状です。私が勧めるまで読んだことがないという高学年児童もいました。

それでは、なかなか自分の生き方に影響を与えるような人物に出逢えませんし、読んだとしても、「織田信長、かっこいい」「伊達政宗、しぶい」というような、アニメの主人公を見るような目で見ているにすぎないという子も多くいます。それは、自分の生き方とはまったく別の、美化されたヒーローとして読むわけで、自分の生き方にはあまり影響を与えません。

もちろん、読書好きの子の中には、進んでたくさんの偉人伝を読み、その中から心の師といえるような偉人を見つける子もいます。しかし、それは、ほんの一握りの子に限られます。

多くの子は、偉人伝という生きていく上での宝が身近にありながら、出逢うことなく、その大きな力を「活用」できていないのが現状です。

それは、あまりにもったいないことです。

昨今、道徳教育の必要性が叫ばれています。

偉人伝の中には、「生き方のグレードアップ」に深く関わる道徳的な徳目が、血の通った形で含まれています。

こちらが勧めると、子どもたちは進んで読むようになります。「ナポレオンの決断力はすごいね」「ガンジーはよくへこたれなかったね」などと話題にするようにもなります。今の子たちにも、偉人伝の魅力は十分に伝わるのです。まず大切なのは、偉人伝に接する機会を増やすことです。

さらに、道徳教育として役立てていくためには、偉人の「紹介の仕方」を工夫し、偉人伝の「読み方」「読むポイント」を教える必要があります。

つまり、偉人の生涯をコンパクトにまとめて話をし、その偉人の素晴らしさを簡単にまとめて伝えることや、偉人の業績をリフレームし、読み取る視点を与え、価値付けしてやるということが大切だということです。

特に、子どもにする話はコンパクトでなくてはいけません。聞くことは重労働です。退屈をさせない工夫が必須です。長話は駄目です。そのためには、どの人物にも多くの側面や逸話がありますから、それをただ羅列《られつ》的に話すのではなく、伝えたい価値に焦点《しょうてん》化して話すことです。

特に、その偉人の「才能」と「心構え」をごちゃ混ぜにして話さないことです。

天才の才能は、人間の可能性のすごさを示しますが、模倣できることはほとんどありません。モーツァルトの音楽センスや、ピカソの画力は、普通の人が努力によって習得できるというようなものではありません。

しかし、心の部分は模倣やモデルとするのに可能な部分があります。

道徳指導として力点を置いて伝えていくのは、こちらです。

また、人には性分があります。誰もが未知の国への冒険に旅立つ勇気が持てるわけではありませんし、誰もが些細なことに目を凝らし、何年も観察し続けることができるわけではありません。それを努力によって目指すべきだと言うには無理がある場合も多いのです。

生き方のモデルにするなら、自らの性分に合った偉人を選ぶ方がいいですし、そうでなければ生きていく上で役に立たないだけでなく、時にはその性分の違う偉人と比べて、「あんなふうにできない自分は駄目だ」と、劣等感を持つようなことにもなりえます。それでは逆効果です。

そうしたことも考慮して伝えるのです。幸いなことに、それぞれの偉人の生涯は多彩で、性分も多彩です。必ず、その子の性分に合った心の師となるような偉人はいます。

そうしたことを考慮して指導していけば、子どもたちにはとても有意義な道徳教育となります。

そして、話によって関心を持った偉人について、自分で読書して、話では端《は》折《しょ》られたことなども、さらに知ればいいのです。関心をもった人物の伝記ならば、読書への意欲も増します。ある偉人に関心をもてば、蔓《つる》をたぐるように他の偉人伝も読んでみたいという気持ちが増すものです。また次の出逢いも期待できます。

私は、意図して、一人の偉人を紹介するときに、対比的な人物か類比的な人物を紹介してきました。また、学校図書館にある偉人伝は、どちらかと言えば、外国人が多いのが以前からの傾向ですが、似たことをした、タイプの似た日本人の存在を伝えることも、子どもたちの親近感を増すことにつながります。日本人にも世界に誇ることのできる素晴らしい人物がいることを知り、その人のような心を持ちたいという、より強い思いにもつながっていくのです。

本書では、子どもたちに習得してほしい六つの心に焦点を当て、十四人の偉人を紹介しています。子どもたちの心に響き、成長の糧《かて》となると確信するものだけを集めました。

二〇一五年八月吉日

平　光雄

子どもたちが目を輝かせて聞く偉人の話

目次

装幀——川上成夫　本文デザイン——宮川一郎　イラスト——平　光雄

コロンブス
ファーブル
坂本龍馬
南方熊楠

自分なりの「勇気」と「行動力」を持とう

私たちの目の前には、いつも「Yの字」がある

子どもたちに、「勇気」と「行動力」を育むことは、とても重要なことです。それは、成長に不可欠なものだからです。

しかし、誰もが未知の世界への冒険に旅立てるわけではありませんし、その必要もありません。

人には、性分があります。外向的で、元気いっぱいの活動的な子どももいれば、内向的で思索や創作を好む子もいます。

偉人伝もその性分に合ったものでないかぎり、子どもたちの心に深く染みいることはありません。

そこで、私は「勇気」と「行動力」について語るときはいつも、二人の偉人

の話を対比的に紹介してきました。
コロンブスとファーブルです。
大冒険者と、偉大な昆虫学者。どちらの業績が大きいかなどと比較は不可能、かつ無意味なことですが、行動も、目指す方向性も大いに違っていた二人の偉人です。

今日は、まず「冒険」についてのお話をしよう。
みんな、冒険には興味ある？

「ある、ある!!」と言う子が多くいます。特にこういうとき真っ先に声を上げるタイプの子には、当然関心があります。

冒険というと、どんなイメージかな？

さまざまな意見が出ますが、集約すれば、「かっこいい」「挑戦」「勇気ある行動」「大発見」「宇宙旅行」などです。

じゃ、冒険してみたい？

小学生だと多くの子が「してみたい！」と言います。
冒険先は特に「宇宙」とか「地底」とか「ジャングル」が人気です。

みんなは、コロンブスって知ってる？

高学年だと多くの子が知っています。

そう、イタリアの大冒険家だね。十六世紀に、未知だった「海の向こう」に船出して「新大陸」を発見した偉人だね。

今日は、この人について紹介しよう。

コロンブスは……

ただ、船で海を渡っていっただけじゃないかと思う人もいるかもしれないけど、今とは時代が違う。

この時代、海の向こうは「滝」のように海水が落ちていて、そこまで行ってしまうと「奈落《ならく》の底に落ちてしまう」とか、「海の向こうにはとんでもない怪物が住んでいる」なんていうことをみんなが本気で信じていた時代なんだよ。みんながね。笑う人もいるけど、それは、今ではもう海の向こうがそんなふうでないことを知ってるからだね。当時は飛行機や地球儀なんてまったくなかったんだ。

だから、西洋人にとって、「西の果て」は未知の恐ろしい世界、まぁ、今で言えばブラックホールみたいなものだと皆が信じていたんだ。誰も行ったことがなく、知らなかったんだから。

そこに、コロンブスは船出しようとしたんだよ。マルコ・ポーロという冒険家の書いた『東方見聞録《とうほうけんぶんろく》』という本に刺激されて、「マルコが東なら、オレは西だ」とね。

「ジパング」という黄金の国があると信じてね。


しかし、船出をするには船がいる。お金がいる。

そこで、コロンブスは国王に頼んだ。でも、簡単に断られたんだ。当然だね。

そこで、断られたコロンブスはどうしたかというと、国王に暴言を吐いた。

逆ギレしたわけね。


そして、国外追放。

さらに、スペインに向かう途中の船の中で奥さんは病死してしまったんだよ。

そして、着いたスペインをさまよっているうちに、お金もなくなり、食べ物もなくなってしまった。まったく散々だね。

しかし、彼はあきらめなかった。

結局、助けを求めて行った修道院の神父さんが、スペイン女王と親しい人で、女王の援助でジパングに向けての船を用意してもらえることになったんだ。くじけない心が呼んだ幸運といえるかな。

さぁ、いよいよ「ジパング」に向けて出発。夢に見た日だね。

しかし、行けども行けども海ばかり。

そのうち、船員たちが不安になってきた。「本当にそんな国なんかあるのか」って。

そりゃ、大きな滝や怪物を信じていた時代だからね。海藻とかが船に巻き付くと「うわぁ！　怪物だ!!」ってなってね。皆が怖くなってきた。

しかし、コロンブスは、ただ船を「ジパング」に向けて走らせる。未知への恐怖心など吹き飛ばして、どんどんどんどん、「目的地」まで行くぞってね。

船員たちは引き返したくて仕方がない。でも、ボスであるコロンブスはそんな話は聞かない。

もう、ボスを殺してしまうかなんて話も出たようだよ。

そういう周りの人たちの反感まで買うようになっても、なんとかコロンブスは皆を説得して進んだ。

そしてついに、まずはインドに着き、続いて「新大陸」を発見したんだ。どんなに感激したことだろうね。

あとになって、最初に着いたのは、バハマ諸島で、最後に見つけたのは「ジパング」ではなく、ハイチ島だったとわかったのだけど、この常識破りの「歴史的な大航海」から戻った彼は、スペインで大ヒーローになるんだ。

それにしても、恐ろしい言い伝えや周りの反対にもめげずに信じるところを目指して突き進んだ、ものすごい勇気と行動力だよね。

もちろん、彼にも迷ったことはあっただろう。「やるか」「やめるか」「行くか」「戻るか」という迷いは、きっとたくさんあった。もちろん、恐怖心もあっただろう。でも、いつも「やる」方を選んだんだね。当時の常識から言って、「やめる理由」はいつも十分にあったのにね。

子どもたちは、この大冒険と大きな勇気に「すげぇ!!」「やるなぁ」などと口々に言います。

そこで、私は、コロンブスを「Yの字の法則」でまとめます。

生きていくということは、いつも目の前に「Yの字」があるということです。

それは、安全で、危険も失敗もない道と、危険も大失敗もありうる道です。

もちろん、安全な道の方に行きたくなるに決まっています。

安全なんですから（笑）。

しかし、成長とか夢の実現とかを本気で考えるなら、どうしてもこの危険ありの方を選ばなければいけないときもあるものなんです。もちろん、いつもわざわざ危険を選ぶ必要はないのだけれど、そちらを選ばなければいけないときにまで安全の方を選んでしまっては、成長も、夢の実現も決してありえないのです。

いつも、安全な道へ行く理由はいくらでもあるでしょう。「恥をかきたくない」「失敗したくない」「怖い目に遭いたくない」など。時には、周りの人たちの声もあるでしょう。「そんな馬鹿馬鹿しいことはやめておけ」「そこまですることはない」「そんなことよりほかにもやることがあるじゃないか」など。

理由として、おかしくはない、もっともだというものもあるでしょう。

コロンブスにも、その航海をやめる理由を挙げれば、山ほどあったわけです。しかし、コロンブスは、内心、怖さやためらいはあったでしょうが、いつも大きな勇気を持って、自分の信じた道、つまり「Yの字の法則」の危険あり＝積極的な方を選んだからこそ、この偉業を成しえたのですね。

このような話をして、「勇気」と「行動力」が素晴らしい偉人として、コロンブスの偉業をリフレームして、子どもたちに認識させてきました。

大半の子は、大きな感銘を受けます。

しかし、コロンブスの大冒険の話を聞いて、内向型の子には「すごいなぁ」「勇気のある人だなぁ」（でも、私にはできないな）という感想しか残らない場合も多いのです。

特に、当時の状況に感情移入して、自分は怪物や滝などの恐怖に打ち勝つのはとても無理そうだと思う子がいてもまったく不思議はありません。「それじゃいけない。君もコロンブスのような勇気を持ちなさい！」とは、言えるものではないでしょう。

元来、慎重で「先行不安」の強い内向型の子には、こうした「勇気」は性分に合わないがゆえに、あまりにハードルが高すぎて持てないという子が多いのですね。そうなると、コロンブスは生き方のモデルや生きていく上での心の糧とはなり得ません。悪くすると、自分の不甲斐なさを責めることになってしまうかもしれません。それでは逆効果です。

そこで、もう一人違った形での「勇気」と「行動力」を示した偉人、ファーブルの話を続けてします。

じゃ、もう一人コロンブスとは違ったタイプの偉人の話をしよう。

昆虫が好きな人？

私の子ども時代より昆虫好きな子は減ったようですが、教師として勤めた三十二年間、どのクラスにも熱狂的な昆虫好きは一定数いました。特に、カブトムシやクワガタの人気は現代っ子にも健在です。

じゃ、昆虫博士として有名な偉人は知ってる？

「ファーブル！」、多くの子が知っています。
『ファーブル昆虫記』はどこの学校の図書室にもありますし。
そう、『ファーブル昆虫記』のファーブルだね。
『昆虫記』、読んだことのある人？

ハチ、フンコロガシ、セミについて読んだ、などと言う。

『昆虫記』を読んだ感想は？

「すごく細かいところまで書いている」「すごく観察力が鋭い」「人が気がつかないようなことまで見て書いている」「昆虫の生態がよくわかる」「生き生きと書かれていて、読んでいてとても面白い」など。


そうだね。

ファーブルはフランス人で、小さな頃から虫が大好きだったんだよ。

そして、子どもの頃には、いつも地面に這《は》いつくばって虫を観察していたそうだね。

それは、近所では評判だったようで「ほら、またアイツが這いつくばってるよ」と怪訝《けげん》な目で見られていたらしいね。そりゃそうだろう。

それでも明けても暮れても虫の観察ばかり。

ま、今の言葉で言えば「虫オタク」かな（笑）。


きっと悪口や嘲笑《ちょうしょう》もいっぱいあっただろうね。

でも、ファーブルは大好きな虫の観察をずっと続けていたんだ。

みんなになんと言われようと、大好きな観察を続ける。これも勇気のいることだよね。大人になってからも「虫オタク」は加速して、さらに最後の三十年間は、身近なところにいる昆虫の観察だけで十分だとばかりに、庭から一歩も外に出なかったって話も残っている。こうなると「ひきこもり」だよね。コロンブスとはえらい違いだ（笑）。しかし、ファーブルは、「仕事に没頭して、ただの一分間たりとも休む暇のないときほど幸せなのだ」という言葉も遺しているように、研究に没頭したんだ。これもすごい「行動力」と言っていいね。

それを生涯やり通し、後世まで残る名著『ファーブル昆虫記』が生まれたんだ。

特に内向型の子は目を輝かせて聞いている。

大冒険家コロンブスとは、まったく違った生涯だよね。
しかし、ファーブルも素晴らしい偉人であることは間違いないね。
見た目や印象はまったく違うけど、こういう形での「勇気」や「行動」もあるんだよ。

こういう言葉に感銘を受ける子も多い。

人には外向型、内向型という気質があって、コロンブスのように、冒険にエネルギーを注ぐことを好む人と、ファーブルのように自分の研究テーマを追究したり、考えたりすることにエネルギーを注ぐことを好む人がいるんだ。もちろん、どちらが優れているとかいうことはなくて、外向型は活動的なことに、内向型は「真《しん》・善《ぜん》・美《び》」を追求することに自分の長所を発揮しやすいんだね。勇気あるコロンブスも、昆虫の観察をずっと続けていくのは苦手だったろうし、ファーブルが未知の世界に命がけで船出するとは思えないよね（笑）。

天与《てんよ》の性分《しょうぶん》に良い悪いがあるはずがありません。しかし、どうしても集団の中では外向型がもてはやされ、内向型の子は肩身の狭い思いをしているのが現状です。

「コロンブス型」ではない「勇気」や「行動力」もあるのだという話は、内向型の子にとって大きな励みになります。

さらに、やはり「日本人には、そういう偉人はいないのかな？」というのは、多くの子どもがもつ、当然の思いです。

次の話も付け加えるとよいでしょう。

コロンブスやファーブルのような生き方をした偉人は日本にもいるよ。やったことは違っても、その「勇気の出し方」や「行動力」は似ている人がね。

コロンブスのように、命がけの危険を覚悟でいつも自分の信じる方を選んだという人の一人は、映画や漫画にもよくなっている坂本龍馬だね。命がけの談判をくり返し、命をかけて国のあり方を変えた幕末の偉人だね。

最後は暗殺されてしまうんだけど、その危険を十分知っていても「Yの字の法則」の、コロンブスと同じ方向を選び続けていったんだ。その結果、幕府中心の江戸時代は終わって近代的な明治時代が生まれた。龍馬の「Yの字」の決断が時代を変えたんだね。

ファーブルに似たタイプの偉人としては南方熊楠《みなかたくまぐす》という人がいるんだ。この人も、ファーブル同様、すごい人だよ。

「歩く百科事典」とも呼ばれた、和歌山県出身の「博物学者」なんだ。博物学というのは自然界の動物、植物、鉱物《こうぶつ》を幅広く研究する学問のこと。博物館の「博物」だ。

子どもの頃は、ファーブルに似て、昆虫や植物の観察に熱中して、学校の授業も抜け出していたというね。そして、野山を歩き回っては、観察や収集に夢中になって、家に二、三日帰ってこないこともあったって。そんなおかしな行動から、「天狗《てんぐ》」と呼ばれていたんだ。「変人」どころじゃないね（笑）。

しかし、自分の興味や関心を追求しまくった。そして、知識の面では天才と呼ばれるほどになった。二十歳で留学。でも、素行《そこう》が悪くて退学させられてしまう。ま、自分でも授業が面白くないと言っていたそうで不満もあったんだろうけど。

そして、生涯きちんとした職にはつかず、名誉も肩書も求めずにフリーの研究者として、自分の興味関心を追究したんだよ。言葉は十八カ国語もマスターしたそうだ。定職がないから、お金がなくなったときには、サーカス団の一員になって稼いだというんだから、ちょっとわけがわからないね（笑）。

それでも熊楠の研究はとてもレベルが高く、新発見もし、論文は世界的に権威のある雑誌『ネイチャー』にも次々と掲載されるなど、世界的に大きな評価を得たんだよ。

孫文《そんぶん》や昭和天皇も彼の研究を絶賛した。

やはりファーブルのように「奇人変人」とも呼ばれたけれど、世界的に業績の認められた偉人であることはまちがいないね。

こんな人もいるんだよ。

コロンブスや坂本龍馬の痛快な挑戦に心躍らせ、「ぼくも勇気を出してがんばってみよう！」と思う子もいますし、ファーブルや南方熊楠の「内側に向ける行動」に、静かに心躍らせる子もいます。ある子は、ファーブルの話を聞いて「初めて自分の悩みが分かった。そして、これでいいんだって初めて自信がもてた気がした」と日記に綴《つづ》りました。集団の中で、「活発」になれず自分の性分に悩んでいるような子は多くいるものです。

天与の性分に良い悪いがあるはずがありません。きっとこの世での「役割」も違うのでしょう。自分の持てるエネルギーを外側か内側かに存分に発揮しさえすればいいと思えば、自信も湧いてきます。

付録　人間の性分「内向型」と「外向型」

私が、子どもや親と対応するときに、もっとも「分けて」接してきたのは、男女の違い、年齢の違い、家族構成の違いではなく、その人が「内向型」か「外向型」かということです。

この性分の違いを前提にしないと、どんな話も深く浸透しません。

私は、「内向型」「外向型」を次のように捉えています。

（学術的にはさまざまな説がありますが、それを追究することは指導の現場で最も重視することではありませんので）

内向型　関心が自分の内面にいきやすい
エネルギーを「内向き」に使う
真・善・美を追求
自分の段取りを重視
他人に入り込まれたくない壁がある
先行不安が強い
慎重・丁寧
失敗があとを引きやすい
創造性に富む
集団の中にいると疲れる

独りの時間に充電される

外向型　関心が外部のことにいきやすい
エネルギーを「外向き」に使う
業績・実利を追究
自信家
行動的・活動的
試行錯誤が平気
集団の中にいると元気になる
孤独に弱い

こうした性分の違いは、天与のものであり、その真の部分は、子ども時代から生涯変わらないものだと思います。

右に挙げた特徴だけでも、同じことを同じように指導していたのでは、効果がないことがおわかりでしょう。

また、その長・短をよく捉えていない限り、外向型の人から見て内向型の人は「変人」、内向型の人から見て外向型の人は「がさつ・無神経」ということになってしまいます。ともに、長短裏表で併せ持っているのに。

戦後日本は、特にバブル期には「イケイケドンドン」の外向型が礼賛《らいさん》されてきました。

特に「欧米人のような快活さ」がよいのだと、明に暗にマスコミも吹聴《ふいちょう》してきました。

しかし、ベストセラーとなったスーザン・ケインの『内向型人間の時代』によると、大半の人が「快活で社交的な外向型」に見えるアメリカ人でも、実はそうではなく、「ふり」をしている人も多くいるのだと指摘しています。もちろんアメリカなどは、「移民の国」ですから、フロンティアスピリットに富んだ外向型の人たちが、第一世代には多かったのでしょうが、外向型の親から外向型の子が生まれるとは限らないのですから、もうそうではないことは明白です。

学校現場でも、「ハイ‼　ハイ‼」という行動派がもてはやされ、見た目が地味で、じっくり考える「内向型」はどうしても分《ぶ》が悪かったのですが、もう、そうした評価からは脱却《だっきゃく》するときですね。

ヘレン・ケラー

塙保己一

「不足」「不遇」に屈しない

人間の持つ可能性を伝える

学級では、いつも「嘘と言い訳は最も許さない」と伝えてきました。

そのどちらも自分の成長を大きく阻害《そがい》するものだからです。しかし、共に、とても簡単にできるものであり、簡単に習慣化してしまうものでもあります。

「〜がなかったから失敗した」「〜だからできない」「〜があればできるのに」というように。

このような、できない理由を、自分以外のせいにするという言い訳を、言い訳と自覚している子もいますが、中には、それが「本当の理由」なのだと錯覚《さっかく》してしまっている子もいます。

どちらも成長を阻害していますが、むしろ後者の方が深刻と言えます。大いなる認識違いをしているのですから。

つまり、「何でも揃っていて当たり前で、そうでなければやれないことばかり」と。

（自分で思っている）能力にしろ、環境にしろ、何かが足りなくても、そのことに挑戦してみるのだという気概が成長には必要だということを教える必要があります。

（認識違い）錯覚に陥《おちい》ってしまっている親や子には、「三重苦」でありながら偉業を成し遂げたヘレン・ケラーの話は、大きく認識を揺さぶり、挑戦への勇気を与えるものです。


今日は、ヘレン・ケラーを紹介しよう。

「三重苦」ということで知っている子もいる。

ヘレン・ケラーは、アメリカ人で、小さな頃から目と耳と口に三つの障害を持っていたんだね。生まれて十九カ月で、目が見えなくなり、耳が聞こえなくなったんだ。

見えない、聞こえないということは、言葉が覚えられないということだよね。

普通新しい言葉は、見て、聞いてやっと覚えるものだよね。

「そうだなぁ……」というつぶやきも聞こえる。

そんな小さなときから、言葉が覚えられないのだからもう知能は発達しないだろう、学習は無理だというのが当時の常識だったんだ。まぁ、そう思ったのも無理はないよね。勉強は言葉でするのだから。

しかし、なんと、ヘレン・ケラーは、後に本を書き、いろいろな国を訪ねて講演もし、皆を勇気づけた偉人になったんだよ。日本にも来たことがある。

伝記を読んだことのある子は（そうだ、そうだ）とばかりに大きく頷《うなず》き、読んだことのない子は「えー……（どうやって、そんなふうになれたの）⁇」と驚く。

どうやって覚えたかというと……やはり彼女一人の力ではどうやっても無理だったのだけど、生涯、ある先生との二人三脚だったんだ。

サリバン先生という素晴らしい女性だ。この先生が、ヘレン・ケラーに言葉を教えていったんだよ。

見えない、聞こえない子どもにどうやって教えていったと思う?

それはね、サリバン先生の「指文字」なんだよ。

ヘレン・ケラーの掌《てのひら》に、一文字ずつ指で書いて、伝えていったんだ。どんなに集中力と根気が必要だったか少しは想像がつくよね。ヘレン・ケラーは、言葉を何も知らないに等しかったのだからね。例えば、この「鉛筆」だって、鉛筆を触らせ、「え」「ん」「ぴ」「つ」と掌に指で書き、この物体が「えんぴつ」というものなのだと教えていくのだから。

「うわぁー、たいへんだ」

それで、ヘレン・ケラーは最初の三カ月で四百の単語を習得したそうだ。

しかし、物の名前はまだいい。今のように実物を触らせることができるから。でも、目に見えないもの、たとえば、今話した「最初」とか「三カ月」とか「単語」とか「話した」「そうだ」とか、すべて覚えて意味もわからないと話はできないからね。

それでものちに、彼女は大学にも行ったんだよ。

「大学！　すごい！」

教室にはいつもサリバン先生が付き添って、大学の難しい講義内容を、「指文字」によって伝え、家に帰ってからもその復習をして、ヘレン・ケラーの頭の中にインプットしていったんだ。そうした多大な努力の末、ヘレン・ケラーは、一分間に八十語くらいは文字を書くことができるようになったんだ。

しかし、そこまでいくのにどんなにものすごい努力が必要だったか想像してみると気が遠くなるよね。いつも相当集中していなければできないし、ものすごい根気も必要だ。

「サリバン先生もすごいね」

まったくそうだね。彼女の集中力と根気もすごい。彼女も偉人と言っていいよね。ちなみに、ヘレン・ケラーにサリバン先生を紹介したのは、電話を発明したベル博士なんだよ。縁というのは不思議なものだね。

そして、ヘレン・ケラーは、最初に話したように、本を書き、サリバン先生の援助を得ながら講演もすることができるようになったんだ。「～だからできない」というあきらめてしまう理由は、どれだけでもあったはずだよね。くじける理由も、やけになってしまう理由もいくらでもあった。

しかし、そうはしなかったんだ。

彼女の言葉を紹介しよう。

「人間にとって、一番恐ろしい敵は不遇ではなくて、自分の心です。自分で自分をこんな人間だと思っていると、それだけの人間にしかなれません」

なんと、重みのある言葉だろう。

自分は「三重苦」。だからできない、という当時の「常識」も、ものすごい大変さもヘレン・ケラーは、はねのけ、自分はやれるんだと思い続けてきたわけだね。言い訳なしで。人間にはそんな力もあるのだという勇気がもらえるよね。

「ほんとうにすごい……」と、みんな感動する。

実は、そのヘレンにも、尊敬していた人がいたんだよ。
それは……日本人なんだ。

「え～っ?!」

塙保己一《はなわほきいち》という人だよ。ヘレン・ケラーは、この人の生き方をずっと心の支えにしていたんだ。

塙保己一を知っている小学生はほとんどいないのが現状です（尋常小学校の

教科書には取り上げられていた人なのですが）。

ヘレン・ケラーのお母さんが、きっとあなたの目標になる人だよと言って塙保己一のことを教えたんだよ。

塙保己一は、江戸時代、埼玉県の農家に生まれた人でね、七歳のときに目が見えなくなってしまった。母親はとても悲しんで、彼の世話を精いっぱいしたんだけど、その母親も、保己一が十二歳のときに亡くなってしまうんだ。過酷な運命だよね。

その後、悲しさに浸《ひた》る毎日を送っていた。

でも、保己一は学問が好きだったんだね。もちろん、目が不自由だから皆と同じようにはできないんだけど。そして、十五歳のあるとき、和尚《おしょう》さんに勧められ、このままではいけないと思っていたこともあって、一念発起《いちねんほっき》して、文化が花開いていた江戸に行くことを決めるんだ。ほんの少しのお金と母親の形見の巾着袋《きんちゃくぶくろ》を持ってね。

でも、当時は、しきたりがあって、目の見えない人は「盲人一座《もうじんいちざ》」というところに加入して、頭を丸め、琴《こと》や三味線《しゃみせん》、按摩《あんま》（マッサージ）の修業をすることになっていたんだね。保己一もそのしきたりに従って、江戸での修業が始まった。でも、保己一はそうしたことがあまり好きではない上に、手先も不器用だったので、ちっとも上達しない。もう絶望して自殺を考えたこともあったという。

そうした保己一を見かねた一座の師匠は、「三年間の期限付きで、生活費の面倒を見るから学問に専念してもいい」という計らいをしてくれたんだ。ただし、「三年間で芽が出なかったら、実家に戻す」という条件はついていたんだけど。これは学問が大好きな保己一には夢のような話だったろうね。大喜びで学問に専念した。そして、見事に才能を開花させ、全人生を学問研究に捧げる決心をしたんだ。

もちろん、目が見えないから本は読めない。誰かに読んでもらって、それをすごい集中力で聴き、覚えていくという方法でね。こんな話も残っているね。ある方に読んでもらっているとき、ふと見ると保己一は両腕を縛っていた。どうしたのかと尋ねると、「読んでもらっているときに蚊でもとまって、手でパチンと打ったりしたら、その箇所を聞き逃してしまうから、手を縛っているのだ」と。聞き取ることに、そこまで本気なんだ。

そんな情熱で、万巻《まんがん》の書を「読み」、学問の世界で一流になっていったのだよ。

そして、保己一の生涯最大の仕事は、『群書類従《ぐんしょるいじゅう》』の編纂《へんさん》と発行なんだ。

保己一には大きな夢があったんだ。それは、「日本に古くから伝えられている貴重な書物を集めて、次の世代に伝えていきたい」ということだった。中国には古い書物を集めた全集などがあるのに、日本にはない。このままだと昔からの日本の精神や文化を伝えた貴重な資料がなくなって、取り返しのつかないことになってしまう。そうならないように、古い書物を集め、間違いを正して編纂し、出版していくことが必要だと考えたんだ。それは気の遠くなるような作業だね。そもそも、コピーもパソコンもないだけでなく、出版するには、版《はん》木《ぎ》に文字を一字一字彫っていかなければいけない時代だからね。

目の見えない保己一が、この大事業に取り組む決意をしたんだ。

その決意から、四十一年間かけて、この事業は『群書類従』の出版として完成した。

ここに収めたのは、古代から江戸時代初めまでの約千年間に書かれた、貴重な文献、千二百七十三点。合計六百六十六冊。桜の木に彫られた版木は、なんと一万七千二百四十四枚！　これはまだ保管されているよ。

この『群書類従』は、以後、日本の文化を研究する人には必須の参考文献になっているんだ。今でもね。

これが、今のようにインターネットやコピーなど便利なものが何もない時代に、目が見えない塙保己一が成し遂げた仕事なんだよ。

ヘレン・ケラーが、生涯の支えにしたというのもよくわかるよね。

この二人の生涯を見てくると、「～だからできない」「～だからもうだめだ」なんて簡単に言うのがいかに恥ずかしく、自分を駄目にすることかわかるよね。

二人の伝記は、人間の可能性の大きさに対する深い感動を子どもたちに与えます。同時に、「～が不足している」「～が悪いから」と、環境や人のせいにする、言い訳をする、すぐにあきらめるという、自分ができないことを他のせいにするという心を改善させるのにとても効きます。この二人の生涯を知れば「不足」を嘆くことの愚かさがわかります。人はどんな条件下でもがんばれ、自分の志を追求することができるのです。

付録　「言い訳無用」

黒板に書きます。

□と◯は、どこにでもひっつく。

さぁ、何が入る？

ガムやセロテープなど、面白い意見がいっぱい出ます。

○は、「鼻くそ」です。

うぇ～（笑）。騒然。

さぁ、□には何が入るか？

汚いのがいろいろ出てくる（笑）。

答えは「理屈」です。

え？

ま、後者は別として（笑）、「理屈」、特にこうした理屈はつけようとしたら、いくらでもつけられるものだね。

「〜だから、できないんだ」
「〜だから、やっても無駄」
「〜だから、無理」
どれも、正しい理屈っぽく語ることはできる。

しかし、ヘレン・ケラーは「目が見えないから勉強ができない」とは言わなかった。「その上、耳も聞こえないのだから無理に決まっている」とも言わなかった。サリバン先生は「教育学上無理です」とは言わなかったんだ。

そのように言ったとしても、誰もとがめることはなかっただろうね。しかし、その「理屈」は採用せずに、成し遂げた偉業だったんだ。

どこにでもつけられるのが「理屈」だ。

正しい理屈と思っていたのが、実は「言い訳」にすぎなかったということは案外多いんだね。

理屈と鼻くそはどこにでもつけられるんだよ。


もう一つ、尾籠《びろう》な話。

黒板に書きます。

人生は「おしっこ」だ。

笑いが起きます。

「え、あのおしっこ？」

そう。「押しっこ」ではなく、シーシーの「オシッコ」。

（笑い）

さて、その心は？

「え——⁇」

人に代わってもらえない。

「なるほど――（うんこもだ！〈笑〉）」

オレ、オシッコしたいから、オマエ代わりに行ってきてくれとは言えないよね。

人生も同じ。オレの代わりにやってくれとは言えないんだ。どんなに辛くても、代わってくれとは言えないんだ。

だから、その条件で、「自分がやる」しかないんだ。

ヘレン・ケラーも塙保己一も、自分の条件に泣き言や文句を言わずに受け容れ、その中で最大の努力をした人だね。

エジソン
本田宗一郎

「失敗が続いてもあきらめない」のが成功の鍵

子どもには「失敗して、挫折して、成長する権利」がある

失敗や挫折は、生きていく上で避けられないものです。というより、偉人の生涯を見れば、成長のためには必要不可欠なものとさえ思えます。

しかし、最近の多くの親には、わが子に失敗させないよう、挫折などさせないように躍起になっている人が増えています。それはあたかも、子どもの進む道筋を先回りして障害を取り除いてやることが親の務めであり愛情であると思っているかのようです。しかし、それは子どもの成長の機会を奪うことになります。

もちろん「失敗は成功のもと」という言葉はあまりに有名で、親はもちろん、子どももみんな知っています。ですから、何か失敗をしても「失敗は成功のもとだよね」というようなことは言いますし、親もわが子が失敗してしまったと

きには、そう言って慰めるのが普通です。

しかし、その言葉も、心底深いところから言っているかどうかは怪しいところです。「失敗は成功のもと」と言いながら「一度失敗したんだから次は成功するに決まっているはず」という、自己納得、あるいは心の中での「取引《とりひき》」のようにして、心を慰めているにすぎないことも多いように見えます。

そういう子は、失敗が続くとめげます。親も苛立《いらだ》ち、「何かがおかしい」と、学校や指導者、環境のせいにしたり、わが子に当たったりする人もいます。本音としては失敗の価値を認めておらず、「成功して当たり前」という前提があったのです。

ここで登場するエジソンは、失敗に対する自分の対処の仕方がまったく違います。失敗の量も圧倒的です。しかし、めげずにすべての失敗を前向きに捉え続け、最後に成功したのです。失敗を恐れ、挑戦を避ける現代の風潮にあって、彼の圧巻の人生から学ぶことは多大です。

「失敗は成功のもと」という言葉は知ってるよね。

有名な言葉なので、中・高学年になると、ほぼ全員が知っています。

どういう意味かな？

・失敗しても、反省すれば次は成功するということ。
・成功するまでは失敗はあるということ。
などの意見が出ます。

何かそういう経験あるかな？

・ピアノの発表会で失敗したけど、またすぐに練習を始めて次の発表会で成功した。
・バスケットの試合でフリースローを失敗して負けちゃったから、すごく練習をしてうまくなった。
など。

じゃ、逆に何かに挑戦していたけど、失敗ばかりだったからやめてしまったことはない？

・そろばんに通っていたけど、なかなかうまくならないからやめてしまった。
・習字に通っていたけど、妹の方がうまくなっていくのに、自分はならないからやめた。

など。


そうだよね。失敗が何度も続くといやになってしまうし、百回失敗してもやるなんてことはなかなかないよね。

しかし、一万回失敗してもめげなかった人がいるんだよ。

そして、最後には成功した。

そう、エジソンだね。

今日はこの人の生涯を紹介しよう。

エジソンはアメリカ人。

小学生のときのエジソンは、いわゆる「落ちこぼれ」として扱われていた。授業中、たくさんの質問はするのだけれど、どれも授業とは関係ないことばかりで、教師も怒ってしまっていた。父親も彼のことは見捨てていたんだ。

結局、三カ月で小学校をやめてしまう。そのあとは、母親が勉強を教えたんだ。母親は元教師だったんだね。母親は、エジソンが特に興味を持っている科学の分野を中心に教えていき、彼は科学に対して豊富な知識を持った。さらに母親は地下室に「実験室」も造ってあげたんだ。小さなものだったけどね。そこで使う実験器具や薬品を買うのにアルバイトもした。

その後、十五歳のとき、大きな出逢いがあった。駅長さんの子どもが汽車にひかれそうになったのを助けた縁で、駅長さんから電信技術を教えてもらうことになるんだよ。そして、この技術をもとに働き始め、その仕事をしながら実験や発明に取り組んでいく。

不思議な縁だよね。

そして、二十三歳で発明家として独立。数々の発明で有名になった。そして、二十九歳で研究所を設立し、さらに発明に没頭していき、生涯に千を越える特許を取得することになるんだよ。


実は、エジソンは十代の初め、原因ははっきりしないのだけど、耳がほとんど聞こえなくなってしまったんだ。

しかし、そのとき言ったことがすごい。

「これで、研究に集中できる」「これは、『無形の宝物』だ」って。すごい言葉だよなぁ。まったくめげていない。それどころか研究には有利だっていうんだ。多くの人は落胆してしまうよなぁ。後に蓄音機を発明したときは、機械を載せたテーブルにかじりついて、頭蓋骨《ずがいこつ》を通してその振動で音を聞いたというんだ。すさまじいね。

子どもたちから「すごい！」という声が聞こえる。

そして、とても有名になった「白熱電球」の発明だ。

電流がフィラメントを通ると、熱と光を発する。この性質を利用したのが白熱電球。でも、そのフィラメントがすぐに溶けてしまったり、弱かったりしてなかなかうまくいかなかったんだね。

各種金属や墨、糸など、ありとあらゆるものを世界中から探してきて、実験してみたけどうまくいかない。

「失敗」続きだ。そんなとき、エジソンはちっとも落胆せずに、「また、よくない材料を一つ見つけた。これも大きな成果だ。さぁ、次！」と言って、実験を続けていったというんだ。

「失敗」は、見方を変えれば「間違いの発見」でもあるというわけだね。

「なるほどぉ！」

こうして、一万回の「失敗」にもめげずに実験を続け、ついに白熱電球にふさわしいフィラメントの材料を見つけたんだ。

それは、日本の竹だったんだ。中でも京都の竹がいちばんいいことがわかった。

このエジソンの発明は、人々の暮らしをすっかり変えた。夜も明るく暮らせるようになったわけだからね。エジソンの亡くなった日は、アメリカ中が数分間明かりを消したというエピソードも残っているね。

「失敗続きでさんざんな人生だった」「回り道ばっかりでひどかった」と言うことだってできるわけだよね。実際、この頃の発明家には、訴訟《そしょう》に負けて自殺してしまったり、破産して立ち直れなかったりした人も多くいたんだ。決して恵まれた状況とは言えなかったんだね。

でも、エジソンは「仕事ほど人間を幸せにするものはない」という言葉を残している。

また、有名な「九十九％の努力と一％の閃き《ひらめ》」なんて言葉も残している。彼の生涯を見ると、閃きに頼っている余地なんかなくて、「失敗しても失敗してもどんどん実験を重ねていくしかないんだ」と言っているかのようだね。

確かに、振り返ってみれば、失敗を重ねていくうちに成功に近づいていたということでもある。それはあとでわかることなので、多くの人は失敗が続くと、それが成功に近づいているとは思えずに、やめてしまう。言ってみれば自爆だね。

小学生は運動好きな子が多いので、続けて次のような話をします。
似たことがスポーツの世界にもあるんだよ。「プラトー（高原）」という話をしよう。

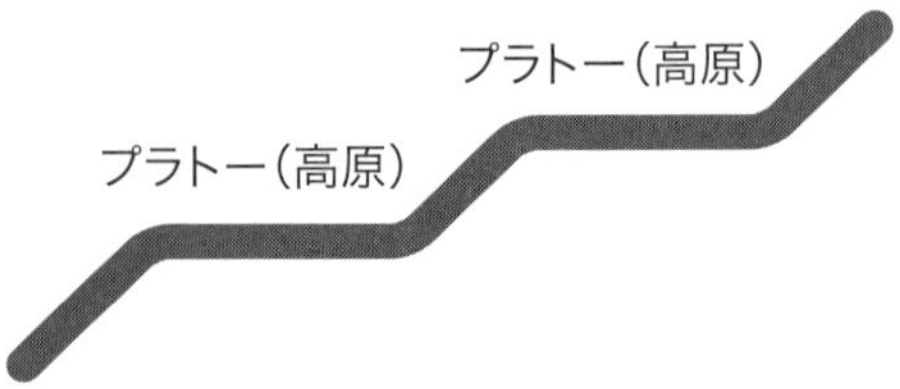

スポーツの上達というのは決して正比例グラフのようには行かない。
こんな感じ（上の図）で上達するということがわかっているんだ。横軸が努力を重ねる時間で縦軸が上達と思ってもらえばいいかな。
この水平の状態のところを「プラトー」と呼ぶんだ。つまり、ここでは、いくら努力をしても、見た目には上達しないということなんだ。でも、これは「誰にでも」起こることなんだ。
どんなに素質がある人が、どんなに一所懸命正しい練習を重ねても、ということだね。しかし、そのまま努力を重ねていけば、また上達のラインに入れる。

しかし、プラトーの間に、「練習しても無駄だ」とか「いくらやってもだめだ」と、練習をやめてしまったら、絶対に次の上達ラインまでいけないということなんだね。しかし、あきらめずに続ければまた上達する。それは言葉を換えれば、「プラトーの間にも目には見えないところで進歩が進んでいる」「上達というコップに実力という水が貯まっている」ということだね。

上達とは、水を貯めていたコップから水が溢れるときに起こると言ってもいいかもしれないね。水を入れても、コップからすぐには溢れないよね。少しずつ貯めていかないと。

エジソンも失敗を重ねている間に、水は貯まっていたんだね。

彼のすごいところは、そのことを確信していたことかな。普通の人は、そうは思えない。そう思い、そう信じ、実験を重ねていったことがエジソンの偉大な業績を生んだんだね。

日本にもエジソンのような人がいたんだよ。失敗にまったくめげずに実験を続けてすごいことを成し遂げた人が。

「誰？」

その人の発明したものは……この教室の窓からも見えるかな。そう、ホンダのオートバイや自動車。そのもとをつくった本田宗一郎という人だよ。

まず、「世界のホンダ」をつくり上げたあとの、本田宗一郎の言葉を紹介しよう。

「私の仕事は失敗の連続だ。九十九%は失敗の連続だった。実を結んだ残りの一%の成功が現在の私だ」

ほぼ、エジソンと同じことを言っているだろう。

「そうだね」「ほんとうだ」

本田宗一郎は、静岡県で、鍛冶屋の長男として生まれた。九人きょうだいだったけど、四人は幼いうちに亡くなった。こうして、子どもが亡くなるってことは、この時代の山村では珍しいことではなかったんだよ。貧しく、栄養が摂れないことが原因だね。

宗一郎の子どもの頃のあだ名は「鼻黒の宗ちゃん」。いつも風邪をひいていて、洟垂《はなた》れだったんだ。それを着物の袖でふいてばかりいたから、鼻が黒くなっていたんだ。

彼は、小さい頃から機械が大好きで、ものを作るのも大好きだった。村に初めて自動車が来たとき、大きな感動を味わった。車体から落ちたオイルの臭いに惹《ひ》かれ、地面のオイルの匂いをずっと嗅《か》ぎながら、いつか自分も自動車を造ってみたいという夢を描いたんだ。

宗一郎は、その夢を実現するために、「やってやれないことはない」「人が作れるもので、自分に作れないものがあるはずがない」と、次々と試行錯誤を重ねていったんだ。

宗一郎は、二十二歳で独立。自動車修理工場を始めた。

三十歳で、「修理ではなく、自分の発想でものを作りたい」と、会社をつくり、ピストンリング（円環状の部品）を生産。

その後、エンジンを自転車に取り付けるという独自の発想で「自転車オートバイ」を造った。試作品には、燃料タンク代わりに湯たんぽを使ったこともあったという。

「湯たんぽ？　へぇ〜」

これは、走るときの音から「バタバタ」とも呼ばれた。

そして、一九四六年、浜松に「本田技研工業」を設立。ホンダ初のオートバイ「ドリームD号」を造った。しかし、残念ながら、吐き出す白煙《はくえん》がひどかったり、オイルが飛び散ったりして不評だったんだ。

その後、終生のパートナーとなった藤沢武夫という人とともに、ついに空前の大ヒットとなった「スーパーカブ」を造り上げるのだけど、これも順調にできたわけではなくて、クラッチという、とても大事な部分がなかなかうまくいかなくて、失敗続きだったんだよ。もちろん、その失敗にあきらめていたら大ヒットはなかったわけでね。日夜、改良に改良を加え、がんばった結果なんだ。これは今でも時々走ってるよね。コンセプトは「そば屋の出前持ちが片手運転でそばが運べるオートバイ」だったって。

その後も、たくさんの試行錯誤があって、やがてホンダは、世界のオートバイ生産のリーダーとなるんだ。

そして、車の生産にも乗り出し、F1グランプリにも挑戦していく。

鈴鹿《すずか》サーキットも宗一郎の提案でできたんだよ。

なんとも、あきらめることのない、いつも前向きに挑戦あるのみ、の人生だね。

そんな宗一郎は、こんなふうに言っていたんだ。

「やってみもしないうちから『駄目だ』なんて言うな。失敗してもいいからやるんだ。やってみもしないで何がわかる」

「技術開発は失敗が九十九％。新しいことをやれば必ずしくじる。腹が立つ。だから、寝る時間、食う時間を惜《お》しんで、何度でもやる。さあ、きのうまでの自分を超えろ。きのうまでのホンダを超えろ」ってね。それを有言実行し続けた宗一郎の言葉だから重みがあるね。


やろうと思ったことは、勇気をもってやってみること。やろうと思ったのに失敗を恐れてやらないというのが一番いけない。そんなことは構わず「失敗は生かせばいい」「失敗からしか学べない」という言葉を体現した二人の人生は、子どもたちに大きな勇気を与えます。

また、親もこの二人の偉人から、失敗や挫折をさせないことが大切なことなのではないということを「心底」認識すべきでしょう。

もちろん、迂闊《うかつ》な凡《ぼん》ミスは、減らしていかねばなりませんが、成長につながる失敗は確かにあり、そうでしか成長できない部分も人間にはあるのです。子どもの成長には「安全」「確実」が最善の価値ではありません。

二人の偉人の人生が示すように、転び続けているうちにもコップには水が貯まり、前には進んでいるのです。親もそんな認識をもって、子どもの失敗や挫折を受け止めるべきでしょう。決して先回りして、さまざまな困難を取り除いてやるようなことはしないことです。子どもには「失敗して、挫折して、成長する権利」があるのです。その「権利」を行使《こうし》してこそ、エジソンや本田宗一郎は偉業が成せたのですから。

付録　「成功の法則」の話

私は、偉人伝をたくさん読むように勧めてきました。

そして、みんながある程度の冊数を読んだところで、こんな問いかけをよくしました。

「偉人たちの共通点はなんだろう？」

後世に残るような大仕事をした偉人たちは、ジャンルも境遇もまちまちです。しかし、共通項はあります。

それは、「みんな、挫折や大失敗を経験している」ということと、それでも「あきらめなかった」ということです。

そして言います。

「そうでない偉人伝があったら、持ってきなさい」

よーし！（決心）
→ やる（実行）
→ 続ける（継続）
→ カベ・失敗・挫折
→ あきらめない（不屈）
→ 続ける（更に継続）
→ 
偉業（成功）

「ほんとだー、みんなそうだ」
「そうだなぁ」

もちろん、みんな、大きな才能があった人たちでしょう。
しかし、正比例グラフのように右肩上がりの直線で成功した人は一人もいないよね。それどころか、とんでもない目に遭ってる人も多い。

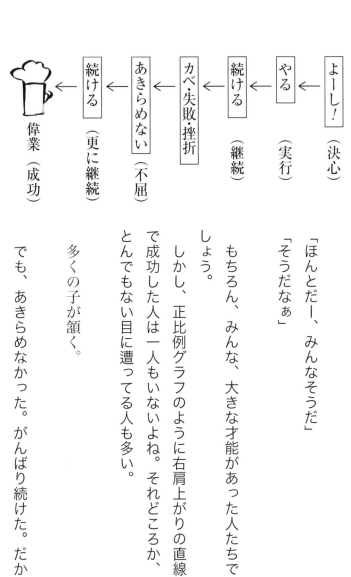

多くの子が頷く。

でも、あきらめなかった。がんばり続けた。だからこそ、偉大なことができたんだ。
じゃ、ここで「偉人の法則」をまとめてみよう。ま、「成功の法則」と言ってもいいでしょう。
偉人たちは必ずこうしたプロセスを歩んだ人たちだね。

「よーし！」――決意だね。例えばガンジーは、南アフリカのひどい人種差別を受けた体験から、「よーし！　人種差別をなくしてやる！」と決意したし、エジソンや本田宗一郎は「自分で発明してやろう！」と思った。

「やる」――思いだけじゃ始まらない。行動しなくてはね。ガンジーは一人でも始めた。エジソンも実験を続け、宗一郎も、二十二歳で独立した。

「続ける」――当然だね。すぐに効果が出るものじゃない。

そのあとだ。必ず来るのがこれ。

「カベ・失敗・挫折」——ガンジーは何度も逮捕され、拷問《ごうもん》もされた。エジソンも宗一郎も百のうち九十九は失敗だったと同じことを言っている。

しかし、ここが偉人はすごかった。

「あきらめない」——ガンジーは命を賭けてもやり続けた。エジソンや宗一郎は成功するまでさらにさらに実験と創意工夫を重ねた。

そして、また続けていったからこそ、みんな、偉大な仕事が成ったんだね。

ガンジー
田中正造

「みんなのために」行動すれば大きな力が出る

奉仕や利他の心が生む大きなエネルギー

「どうせぼくにはできっこない」「私なんか、何をやってもだめ」という無力感に陥《おちい》っている子がいます。

また、「○○をしたいんだけど、みんなが協力してくれないから○○ができない」「みんなが動いてくれない」と、周りの無理解を嘆き、結果、そのことをやらないという子もいます。

冒頭の言は思い込みによる自己卑下《ひげ》のし過ぎでしょうが、協力者がいないからできないということは、あるのかもしれません。しかし、いずれもそのことを隠れ蓑《みの》にして努力をしないという「選択」をしている場合もないとは言えません。

もし、言い訳ではないならば、みんな「人間一人の力」を過小評価しているのです。

人間一人ひとりには、とても大きな力があります。

しかも、自分でも驚くほどの大きな力が。

ただし、人は「自分のため」だけに動いているうちは、たいしたエネルギーが湧かないものです。エゴに固まったままで、自分の益だけ考えていて、成果が挙がらずに「自分なんか……」と言っているならば、確かにそれだけのものでしょう。

しかし、「世のため」「人のため」に動き出すとき、自他ともに驚くような大きな力が湧いてくるのです。協力者が現れるのもそのあとです。

ここに挙げるガンジーは、人間一人にはこんなすごい力があるのだということを教えてくれます。そして、それはガンジーが、自分自身のエゴや怒りを超え、「国のために」「人のために」献身したからこそ、協力者も現れ、すごいことができたのです。

決して強い立場ではなかったガンジーが成し遂げた偉業は、子どもたちに大きな感銘を与えます。

田中正造《しょうぞう》も同様です。現在の公害反対運動の先駆けとして、世のために一人、全財産を投げ打って、全身全霊、大きな馬力で活躍した人です。ともに人間一人の力とは、かくも大きなものであるということを示してくれます。

ガンジーは、インド人。当時、インドには厳しい身分差別があり、ガンジー

は、その中流の家庭に生まれた人なんだ。

また、当時のインドは、イギリスに支配されていて、ひどい人種差別があって、インド人は人間扱いされていなかったんだ。そのひどい人種差別や不平等な法律に対し、「非暴力」という独自の方法で闘ったのがガンジーなんだよ。

ガンジーが若い頃、仕事で南アフリカにいたときのこと。

電車に乗っているときに、車掌《しゃしょう》に「インド人は貨物の方に移れ」と言われ、「きちんとキップを持っている」と言って抗議したら、荷物ごと放り出されてしまったり、駅馬車に乗っているときには、引きずり下ろされて平手打ちをくらわされたりしたんだ。

また、道を歩いていても、当時は白人専用という道があって、たまたまそこを歩いていたら警察に蹴り倒されたということもあった。

「ひどいね」

こうしたひどい人種差別を体験して、ガンジーは怒りに震えた。
そして、この体験から、人種差別と闘う決意をしたんだよ。
(ガンジーの八年間に及ぶ闘いの末、南アフリカでは「インド人救済法」という法律ができ、インド人はやっと差別から解放された)

また、ガンジーがインドに戻ってからのこと。支配国イギリスは、インドにかなりひどい仕打ちをした。当時、第一次世界大戦が起こり、その戦争で、「インド人はイギリス軍とともに戦え、そうしたら独立を認めてやる」と約束をしたんだ。インドは協力した。でも、戦後は約束を破り、独立を認めなかったんだ。

それどころか、イギリスはさらに重い税をかけ、インド人を痛めつけたんだ。

「そりゃ、ひどい！」

ガンジーはこうしたことども闘ったんだよ。

約束も守らないイギリスの作った法など守る必要がない、と。そして「服従しない」「協力しない」「暴力は使わない」という「非暴力不服従」を貫く決意をした。

そんなガンジーを、イギリスは、「法を守らない犯罪人」として扱い、何度も逮捕して、投獄したり、拷問《ごうもん》を加えたり、暴力で従わせようとしたりした。

しかし、ガンジーは、暴力を受けても暴力で返していたのでは、世の中はよくならないと考え、あくまで「非暴力」による抗議運動に徹したんだ。

暴力の代わりに、自分たちで絹を織り、高い税金のかかった絹の不買運動をしたり、抗議の断食《だんじき》をした。

さらに、彼を有名にしたのは、六十一歳のときに行った「塩の行進」と呼ばれる抗議行動なんだ。イギリスが生活必需品である塩をインド人に作ることを禁じ、重い税をかけたものだけを売っていたんだよ。

これに対し、ガンジーは、「自分たちの塩は自分たちで作るのだ」と呼びかけ、海まで塩を採りにいく行動を取った。海までは三百八十五キロメートル。二十四日間かけての行進だ。一行《いっこう》はいつのまにか大行列となり、行く先々で、歩く道にインド人が花びらを撒いて応援したという。このこともあって、インド人が塩を作ることが再びできるようになったんだ。

こうした命がけの、粘り強い闘いの結果、ついにはイギリスから独立を勝ち取ったんだ。ガンジー三十年間の闘いだった。

しかし、残念ながら、最後は反対派の人に銃で撃たれて暗殺されてしまうんだけどね。

こうしてガンジーのやったことを見ると、何と勇敢な人だろうと思うでしょう。

でも、ガンジーにはこんな逸話《いつわ》も残っているくらい、とても物静かで、内向的な人だったんだよ。

若い頃、ガンジーは弁護士の資格をとったのだけど、初舞台の法廷で大失敗をした。緊張のあまり話すことを全部忘れてしまって、そのまま退席してしまったんだよ。

また、何人かの人が集まったところでは、話すことができなかったそうだ。船旅のときは、一日中船室に閉じこもって、人と会わないようにしていたなんてエピソードも残っている。後のガンジーを思うと驚きだね。でも、根はこういう人だったんだ。

では、そんな内気だったガンジーに、なぜこんな大きな力を出せたのだろう。「私憤《しふん》」と「公憤《こうふん》」という言葉がある。簡単に言うと、自分のための怒りとみんなのための怒りかな。

もちろん、ガンジーもひどい目にたくさん遭って、怒りも恨みもあったでしょう。けれど、その恨みから見返してやろうなんて気持ちで闘ったのではなく、「公憤」、つまりみんなの怒りを代表して彼は闘ったんだ。

「なるほど…そういうことだったんだ」

「みんなのため」「国のため」に活動したからこそ、大きな勇気や大きな力が湧いたのだね。自分のためだけだったら、とうに挫折していただろうね。

日本にも、この「みんなのために」と命を懸けて、ものすごいパワーで活動した人がいる。その人のしたことは、今の公害反対運動のルーツとも言えるかな。

その人の名は、田中正造。

江戸時代に、栃木県で生まれた人だよ。

かつて、正造が生まれた地には、渡良瀬《わたらせ》川という綺麗《きれい》な川があった。魚もたくさんとれた。ときに起こる氾濫《はんらん》は、周りの土地に栄養を運び、豊富な作物を

実らせていた川だ。

その川で、明治十年頃の夏に、大量の魚が死に、流域には、草が生えなくなってしまったんだ。これは一大事だ。

実は、その流域には桐生《きりゅう》や足利《あしかが》という機織《はたお》りの町があった。まず、そこが流す染料が原因ではないかと疑われたんだね。しかし、本当はそうではなかったんだ。

上流にある足尾銅山《あしおどうざん》から流す「鉱毒」が原因だったんだ。

そうだとわかってからも、工場は操業を続けたんだ。「理由がはっきりしない、証拠がない」と言ってね。また、政治家の中にはその銅山から大きな利益を得ていた人もいたから、黙ってやり過ごそうとしていた人も多かった。しかし、そうしているうちに被害は大きくなる一方で、作物ができなくなった農民たちの暮らしは成り立たなくなっていったんだ。しだいに、家畜の馬や牛がバタバタと倒れ、病人も続出した。

農民たちが鉱山会社に毒を流すのをやめるようにお願いしても、聞き入れてはくれない。

そこで立ち上がったのが衆議院議員だった田中正造だ。国会で何度も演説をした。しかし、反対派も多く、選挙になると、ワイロを使ってでもなんとかして正造を落選させようという動きもあったくらいだ。

鉱山会社が営業できなくなると、そこから優先的に得ていた利益を得られなくなる人や政治家がたくさんいたから、反対運動も激しかったんだ。それでも当選したんだけどね。

しかし、正造は国会で訴えても効果がないとわかると、議員を辞職してしまう。そして、なんとか国に動いてもらうため、命を懸けたものすごいことを決心するんだ。もうそうするしかない、と。

それは、天皇への直訴《じきそ》だ。直接天皇陛下にお願いをするということ。

当時、直訴は大犯罪であり、それをした者は死罪になっても仕方がないとされていたんだ。しかし、正造は決行。直訴状に思いを込めて天皇の行列前に出た。

結局、すぐに捕らえられて、天皇には直訴状を読んでもらえなかったのだけど、このことをマスコミが大きく報じたため、世間が足尾の鉱毒に関心を持つようになり、調査団などもできた。そして、それなりの法律もでき、多少はよくなった。さらに鉱業主が亡くなったことなどもあって、一応切りがついたと、世間は思った。

しかし、正造の闘いはまだ終わらなかった。実際には鉱毒は流され続けていたんだね。

そして、谷中村《やなかむら》に遊水池《ゆうすいち》という大きな池を作って、そこに毒の入った水を貯めようという動きになったんだ。もちろん、あふれたらおしまいだね。

住人の多くは引っ越し費用をもらって立ち退《の》いていった。

でも、正造はそんなことでは解決にならない、と反対運動を進めるために、その谷中村に住み着くことにしたんだ。徹底的に、一人でも闘う覚悟を最後まで持っていたんだ。

そして、七十一歳で死去。なくなったときには、一個の袋（その中には「憲法」「新約聖書」「日記」の三冊だけ）とすげがさしか残っていなかったという。財産も全エネルギーも全部使い尽くしたんだね。

お葬式には五万人が訪れて、その死を悲しんだという。皆からいかに信頼されていたかが分かるね。

しかし、結局は、谷中村は大きな池になり、銅山の操業も、正造の死後、六十年もたって銅を掘り尽くして終わったんだけどね。

これが日本初の「公害事件」となった足尾鉱毒事件なんだ。田中正造の行動は、後々の公害反対運動の先駆けとなり、日本にとって大きな意味のあるものだったんだ。

付録　「ウメボシマン」になるな

「奉仕《ほうし》」「利他《りた》」の心について、紙芝居を使ってこんな話をしてきました。

これは人。あなたかもしれないね。

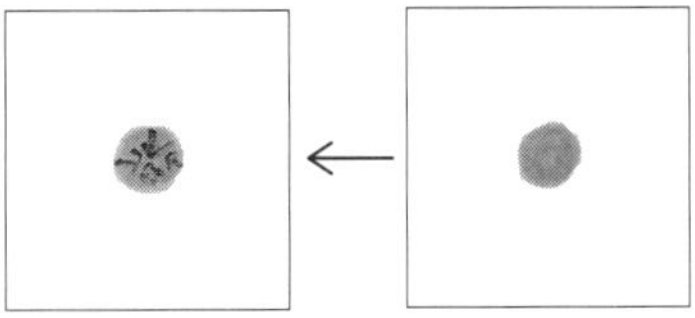

この赤い○を「ウメボシマン」と名付けよう。

このウメボシマンは、たとえば、教室にゴミが落ちていて、「そこ、ゴミが落ちてるよ」と言っても「オレが捨てたんじゃないよ」と言って拾わない。掃除の後に箒《ほうき》が出しっ放しになっていても、「ワタシは、ぞうきん担当だったから」と言って片付けない。

つまり、自分のせいじゃないから動かないというわけだ。ウメボシマンは、このように自分のためになることにしかエネルギーを使わない。自分の「トク」になることしかしない、自分の「損」になることは一切しない、というのがウメボシマンだ。

しかし、こういう人もいる。自分が落としたものでなくても、教室が綺麗な方がいいからさっと動いてゴミを拾う。自分はぞうきん担当だったけど、箒をさっと片付けにいく……こうした人は、外向きにエネルギーを使うわけだ。

そして、ウメボシの大きさがミカンくらいになる。教室内だけでなく、学校中に心配りができるような人はリンゴに、地域までならスイカ……日本中だと……というふうにウメボシマンがだんだん大きくなっていく。これが人間の成長なんだ。そして、この矢印＝エネルギーを見てみよう。外に向けていくとこ

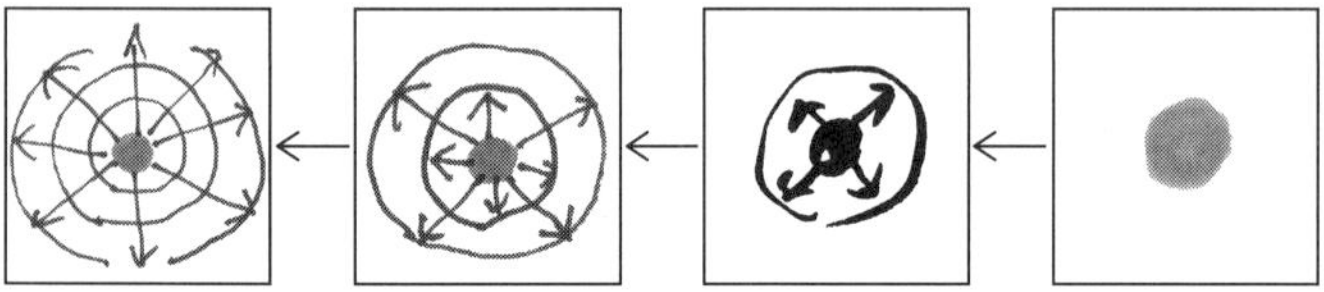

んなにエネルギーが出てくるんだ。ウメボシマンのときは、こんな短い矢印だったのにね。

ガンジーも田中正造も、自分のことはもう顧《かえり》みることなく、外側に向けて全エネルギーを出していったんだ。隣人のため、村のためから始まり、ガンジーはインドのため、正造は渡良瀬川流域で苦しんでいるすべての人々のため、というように。

だからこそ、あんなに力が出たんだ。

偉大なことというのは、こうして外向きにエネルギーを使った結果から生まれるものばかり。ウメボシマン、つまり自分のエゴだけを追求していって偉大なことを成し遂げた人は一人もいない。小さな考え方では大きな仕事はできないんだよ。

すね。

「奉仕」や「利他」の心が生む大きなエネルギーを子どもたちに伝えるべきで

「天狗の神通力《じんつうりき》は人のために使うときにだけ表れる」というテーマの劇を観たことがあります。神通力をなくして困っていた天狗が、人の窮地を救おうとしたら、突如、神通力が甦《よみがえ》った、というお話です。まさに、ガンジーや田中正造の行動は天狗の如《ごと》し、でした。

ピカソ
葛飾北斎

極端にやらなければ上のステージには行けない

自分の「燃料」を激しく燃やし続ける努力をする

いろいろなことに対して「苦手」と言う子がいます。才能の種類はいろいろですから、それは当然のことでしょう。しかし、よく見ていると、才能の問題と言うよりは、そのことに取り組む回数や時間が少ないからうまくやれず、そのことを「苦手」と言っている子も多いのが事実です。

たとえば、一夏に数回しか泳がずに、「水泳が苦手」と言うのはおかしなことで、それはうまくいかなくて当然ですし、学校で学んだ算数の公式を家で自主的に使ってみることもなく「算数が苦手」と言うのはおかしな話でしょう。

こうしたわかりやすい例を出せば、それは当然だと納得してもらえますが、自分のことになるとそうは思えず、「苦手」と決めつけてしまう子（親も）は多いのです。

たとえば「社会が苦手」「縄跳びが苦手」「球技が苦手」と。

もちろん、向き不向きや才能の違いがないと言っているのではありません。

しかし、多くの場合、「練習不足」なのです。もとは、好き嫌いから始まり、好きではないからそのことをあまりやらない。他の教科に比べて、その嫌いな教科にかける時間が、主観的にはどうであれ、客観的には圧倒的に少ない、それゆえにできない。できないからますます嫌いになるという悪循環《あくじゅんかん》に陥《おちい》ってしまっていることが多いのです。


ここで登場するピカソは「多作」の画家です。「私はすべてを語り尽くしはしない。だが、すべてを描く」という強烈な言葉も残していますし、最も作品の多い画家としてギネスブックにも載っています。

もちろん、才能溢《あふ》れる天才です。

しかし、その才能も、莫大な量の作品づくりによって磨き上げられたのだと見ることはできるでしょう。少数の作品を大切に、じっくりと慎重に、「狙い撃ち」したわけではありません。

「圧倒的な量をこなす」ということが、才能開発には不可欠な要素であることを伝えるのに、ピカソの生涯は最適です。日本にもピカソに負けない多作の画家がいました。葛飾北斎《かつしかほくさい》です。死ぬまで絵を描き続け、死の間際にも次の作品への意欲を湧かせていた人です。ヨーロッパの巨匠《きょしょう》たち、とりわけ、モネやゴッホにも影響を与えたことでも有名です。
この二人の生涯から、何かを上達させたければ、まず「量をこなす」ということの大切さを子どもたちに伝えたいと思ってきました。

世界的に有名な芸術家というと誰が思い浮かぶ？
「ピカソ！」「ゴッホ！」「レオナルド・ダ・ヴィンチ！」などの名前が出る。
ピカソは子どもたちにもよく知られている。

じゃ、ピカソの代表作は？

「『ゲルニカ』」（六年生になると「都市の名前でしょ」と言う子もいる）

そうだね。ゲルニカは都市の名前。戦争で大被害を受けた都市だね。

じゃ、なぜピカソは「ゲルニカ」を描いたのか知ってる?

「戦争反対のため」

そう、よく知っているね。では「ゲルニカ」の作者、ピカソの話をしよう。

ピカソは、スペインの地中海沿岸の都市マラガというところで生まれたんだ。父親は、画家で、美術教師。

ピカソは、幼いときから天才ぶりを発揮して、父親を大いに喜ばせたんだ。そして、ピカソが十三歳のとき、父親は、自分は画家をやめて全てピカソの才能に賭ける決意をした。絵の具なんかも全部ピカソにあげてしまったんだ。

それからピカソはますます絵に没頭していった。

そして、十九歳のとき、芸術の中心パリに行くことにしたんだ。もっと才能を開花させるためにね。親友と二人でパリに行ったのだけど、その親友は失恋から自殺をしてしまう。親友を失った悲しみは深く、絶望の日々が続いた。それでも絵は描き続けた。しかし、その悲しみの感情が絵にも色濃く出て、この時代の作品は「青の時代」と呼ばれた。ピカソにとって青色は悲しみの色だったんだ。

その後、「桃色（ばら色）の時代」、黒人の芸術に影響を受けた時代、そして「キュービズム」という画風をつくり上げていく時代など、ピカソの心情も画風もずいぶん変わっていったのだけど、どんなときでも彼は止まることなく、猛烈な情熱で描き続けていくんだ。

そして、あの「ゲルニカ」が生まれるのだけど、実は、生まれる前にピカソはある依頼を受けていた。それはパリ万国博覧会の大壁画の絵だったんだ。そこに何を描こうか、思案しているときに大事件が起こったんだ。

ドイツがゲルニカの町を無差別攻撃したんだ。ゲルニカは町の名前なんだよ。

ピカソは、この残虐《ざんぎゃく》な行為に大きな怒りと悲しみをもった。そこで描き始めたのが「ゲルニカ」だったんだ。ピカソは不眠不休で、この大作を一カ月ほどで仕上げた。常識から考えると信じがたい早さだった。それだけ、燃えて描いたんだね。「ゲルニカ」は、ピカソの戦争を憎む気持ちが強烈に描かれている作品だ。

もちろん、「ゲルニカ」以後も、ピカソの創作意欲は衰えず、作品を作り続けたんだ。ものすごい情熱とエネルギーでね。

ピカソはこんなことも言っている。「私はすべてを語り尽くしはしない。だが、すべてを描く」とね。すごい言葉だね。

でも、この言葉のとおり、ピカソは一万三千五百点の油絵と素描《そびょう》、十万点の版画、七千四百点の挿《さ》し絵《え》、三百点の彫刻と陶芸品を遺している。

世界最多の作品を作った芸術家として、皆もよく知っているギネスブックにも載っているんだよ。天才というと、素晴らしい作品を数少なく、気持ちが乗ったときだけ狙い撃ちして作るなんてイメージを持っている人もいるかもしれないけど、ピカソはまったく違った。どんな辛《つら》い時期であっても、ものすごい数の作品を毎日作ることによって、自分の才能もまた磨き上げていったんだ。ある計算によると、ピカソは一日平均五作も作っていたということになるそうだから驚きだね。

確かにピカソは、幼い頃から天才と呼ばれてきた。でも、その後の創作への取り組み方も群を抜いていた。逆に言うと、そんな取り組みがなかったら、あれだけ素晴らしい作品は作れなかったかもしれないね。徹底的にやるということによって、すごい力が出たのかもしれない。ピカソの才能は真似できなくても、取り組み方には、大きな刺激とともに学ぶこともあるよね。ピカソの多作ぶりを知ると、あまり簡単に、「〜は苦手」なんて言っちゃいけないように思うよね。まだ練習不足、取り組み不足なだけじゃないか、ってね。

そんなすごいピカソに負けないくらいの創作意欲で、九十歳近くになるまで作品を作り続けた人が、日本にもいるよ。

しかも、平均寿命が三十代ともいわれていた江戸時代の話だ。自分のことを「画狂人《がきょうじん》」などとも呼んだ人だ。絵に狂った人という意味だね。葛飾北斎。あの有名なゴッホにも影響を与えた人だ。

「へぇ、すごい!」

葛飾北斎は、「世界一有名な日本の画家」なんて呼ばれることもあるくらいの人で、江戸時代後期の浮世絵師《うきよえし》だ。

小さい頃から手先が器用だったので、十四歳で、まず版木彫りの仕事に就いたのだけど、絵が描いてみたくなって、十八歳のときに人気浮世絵師に入門。しかし、しばらくしてその師匠のもとからも離れていき、独りで作品づくりをするようになっていく。

そして、自ら「画狂人」であると名乗ったんだ。絵に狂った人という名のとおり、さらに猛烈な勢いで作品をつくるようになっていくんだ。とともに、北斎の実力は世の中に認められるようになっていく。

その、絵への情熱は生涯冷めることがなかっただけでなく、年とともにさらに増していった。実際、北斎の作品は年をとるほどに、衰えるどころか、より細やかに、より色彩豊かになっていくんだ。

年々、北斎は大量の作品を作っていく。千図を越える物語の挿し絵をはじめ、人物や風景の錦絵《にしきえ》や肉筆画《にくひつが》など、多彩なジャンルにわたって挑戦を続けていくんだ。流行画家となった北斎は、たくさんの弟子を持つようにもなっていく。

七十四歳の時、有名な「富嶽《ふがく》三十六景」を完成。そのあとがきには、すごいことを書いているんだよ。「五歳の頃から、今までずいぶんたくさんの絵を描いてきた。でも七十歳までに描いたものには、ろくな絵がない」とか「八十歳になれば、ずっと進歩し、九十歳になったら、さらに奥まで見極めることができ、百歳になれば思い通りに描けるだろう。そして百十歳になったら、どんなものでも生きているように描けるだろう」。そして読者に「どうぞ長生きされて、私の言葉が嘘でないことを確かめてもらいたい」と。すごいね。ちなみに江戸時代の人の平均寿命は三十代だったともいわれているんだよ。

八十八歳で死ぬ間際にも、「せめてあと十年、いや、あと五年でも生きられたら、私はほんとうの絵を描くことができるのに」と言っていたという。最後の最後まで、自分はまだ未完成であり、もっともっといい絵を描きたい、描いてみせるという意欲が衰えなかったんだね。

こんな逸話も残っている。

七十九歳の時、火災に遭って、家財道具のほとんどとともに、七十年近く描きためてきたスケッチ帳が燃えてしまった。江戸は火事が多かったからね。普通大ショックだよな。でも、北斎は、焼け残った一本の筆を持ち、「私にはまだ筆がある」と、残った徳利《とっくり》を水入れに、割れた破片を絵皿にして平然と絵を描き始めたという。

そして、死ぬまで描き続けたんだ。

ちなみに、たくさんの弟子を持っていた北斎が、弟子たちのために描いた絵の手本帳『北斎漫画』という作品がある。これは、この世のすべてを絵にしてまとめたような「百科図典」とでも言ったらいいかな。五十一歳から死ぬまで描き続けて十五冊にもなった。この本の芸術的な素晴らしさと絵のうまさは、西洋でも評判になって、海外での浮世絵ブームを招いていくんだ。北斎の力は海外でも認められ、多くの画家たちに影響を与えていくんだよ。

ピカソに勝るとも劣らない、猛烈な創作意欲と努力の人だね。才能だけでなく、ここまでやり尽くしてこそ、永久に残る「世紀の芸術」が生み出されたんだね。

付録「極端にやらなければ、上のステージに行けない」

現代では、若い人たちの間でも、無理せず、極端なことを嫌って、ほどほどにという傾向が強くなっています。

しかし、「無理」「極度」「極端」「必死」ということなくして、レベルが上がらない、次に進めないということは世に多くあります。

たいていの芸事《げいごと》やスポーツはそうでしょう。そんな時期を持たない限り、レベルは現状維持がせいぜいです。やはり「量が質に転化する」「極端にやって初めて成る」ということが多いのです。

飛行機も離陸するまでは、相当「無理」をします。乗っていればそのすさまじさが体感できますよね。ゴゴゴゴーッって感じで飛び立ちますから。そうでなかったら、永久に飛び立てず、滑走路《かっそうろ》内を自動車のように走り続けるしかありません。それでは「飛行機」ではありません（笑）。

ロケットもそうです。発射から数分の間に、残りの宇宙旅行に使う以上の燃料を猛烈に燃やしてこそ、大気圏《たいきけん》を突破できるのですね。

ピカソや北斎の生涯は、まさに、来る日も来る日も飛び立つ飛行機かロケットのごとくです。もっと上に、もっと上に！　と死の直前まで自分の「燃料」

を激しく燃やし続けました。天賦《てんぷ》の才能の上に、こんな日々を終生重ねたのです。

もう大成したから、ほどほどに描いておこうなどという心は最後まで見られません。

こんな心があったからこそ偉業を成し遂げられたわけです。

ちなみに、私は子どもたちにこんな話もよくしました。

「下りエスカレーター逆上り」

今時、そんなことをやる子はあまりいないだろうけど、真似もしてほしくはないけど（笑）。先生の子どもの頃はエスカレーターがまだ珍しくて、デパートなどでは下りのエスカレーターを逆に登っていくといういたずらをする子が多くいたんだ。ま、先生もよくやったけど。

これは、「一気に駆け上がる」しかなくて、途中で少しでも気を緩《ゆる》めると上の階まで行けない。途中で休憩したら後戻りだ。

何かを習得するというのはこれに似て、一気にやり切らない限り上のステージに行けないということが多い。ほどほどでは、下りエスカレーターの例のように、いつまでたっても上の階にはたどり着けず、現状維持のままなんだ。途中で休憩すれば、現状維持ではなく、下降してしまうことにつながる。極端にやらなければ次のステージやレベルには行けないんだよ。

シュリーマン
伊能忠敬

目標達成のために必要なことは全部やろう

夢を実現するために必要なのは、しっかりした土台作り

オリンピック選手が金メダルを取るためには、生活リズムを整え、正しく栄養を取り、トレーニングと休養のバランスを整え、ユニフォームや靴や器具を最適化し、心を鍛え……と、自分にやれることの「すべて」をやります。

まさか、優れた運動神経とその種目のための練習だけでいいと思う人はいないでしょう。

どんな目標でも、達成するためには、まずやっておかねばならないことがあるのです。

「本丸《ほんまる》」を落とすには「外堀《そとぼり》」から攻略しなければいけないのは、誰もが知る兵法《へいほう》の常識です。本気で目標を達成したければ、「外堀」＝「その前にやらねばならないこと」をすべて「埋める」＝「やり尽くす」覚悟と努力が必要だと

いうことです。

シュリーマンは、「トロイの遺跡を発見し発掘する」という「本丸」＝「子ども時代から持ち続けた大目標」を達成するため、情熱的、かつ周到《しゅうとう》にその「外堀」を埋めていきました。

そうしてこそ、そこまでしてこそ、達成できた偉業だったのです。

ともすれば、子どもたちは、自分の目標、たとえば「サッカーの名選手」や「楽器のプロ」になるには、他のことを放擲《ほうてき》して、他のことは捨てるか、いい加減に済ませて、サッカーや楽器の練習にのみ明け暮れればいいと思いがちです。

それでは、「目標」を達成できないのだということを教える必要があります。

そんなとき、子ども時代からの目標を長期にわたって持ち続け、その達成に向けてやれることをやり続け、ついには目標を達成したシュリーマンの生涯は、とても参考になるものです。

また、日本人としては、徒歩で測量を続け、正確な日本地図をつくり上げた伊能忠敬《いのうただたか》を取り上げます。並大抵のことでこの大事業が完遂《かんすい》できたはずがありません。ほとんど不可能と思えるようなこの事業を、周到な計画と工夫と努力によって成し遂げたのです。

この江戸時代の日本の偉人からも、目標達成のために「やれることは全部やる」ということの大切さを学ばせたいと思い、この二人の話をしてきました。

シュリーマンって知ってる？

読書好きな子、数人が手を挙げる。

（シュリーマンは高学年でも知らない子が多い）

知らない子でも、宝探しや幻の都市の発掘なんていうとわくわくする子も多いんじゃないかな。

ゲームや映画でもそうしたテーマのものは多く、昔からずっと子どもたちに人気が高い。

シュリーマンは、その宝探し、幻の都市探しをやった人なんだ。

「え？　見つけたの？」

そう。見つけたんだよ。半世紀もあとにね。

じゃ、シュリーマンがどのようにしてその偉業を成し遂げたのか、今日はお話ししよう。

シュリーマンはドイツの貧しい牧師の家に生まれた人なんだ。

シュリーマンに生涯の目標を与えることになったのは、その牧師の父親だった。

父親はいつも彼に本を読んでくれた。シュリーマンはその時間がとても楽しみだったんだ。

中でも、彼が心をわくわくさせたのは、古代ギリシアの詩人ホメロスが書いた『イリアス』という物語だったんだ。

それは、トロイという都を舞台にした戦争の物語。ギリシア軍が、海を渡ってトロイに攻め込んできた話だよ。最後には、有名な「トロイの木馬《もくば》」を使った作戦で、ギリシアがトロイを焼き滅ぼしたお話だ。勇者アキレウスの活躍などを彼はわくわくして聞いていた。

でも、トロイは、どんな地図にも載っていないし、作者ホメロスだって実在が怪しまれていた人だったんだ。まぁ、空想の物語だというのが当時の常識的な考えだった。

しかし、シュリーマンは、これは本当の話で、トロイという都も実在したんだと信じていたんだ。そして、いつの日か、きっと土の中に埋まっているトロイを発見して、発掘《はっくつ》してやろうという夢を持つようになったんだ。

以来、彼は『イリアス』を手放さなかった。

しかし、青年時代は貧しく、辛い日々だった。食料品店で働いたり、帆船《はんせん》のボーイをしたり、小さな会社での使い走りなどをやっていたんだ。もちろん、トロイの発掘なんてことができる状況ではなかったんだ。ただ、そんな生活の中でも、時間をやりくりして外国語の勉強には励んだ。これがあとでとても役に立ってくるんだけどね。なんと外国語の勉強の基本は「丸暗記」の自己流、独学。それでも十八カ国語を書き、話せるようになってしまうんだ。『イリアス』を原語で読むための古代ギリシア語も、もちろん習得した。

そんな辛い青年時代の後、彼は商売の才能を発揮して、大富豪《ふごう》になるんだ。遺跡の発掘にはたくさんの人を雇わなければならないし、大変な費用がかかる。ましてや、「幻の都・トロイ」は、場所もわからないのだから、まずはあちこち探し回らなくてはならないわけだからね。もちろん、それまで古代史や考古学も勉強してきた彼には、およその目当ての場所はあったのだけど、そう簡単に見つかるはずがなかったからね。
でも、大きな富を得たので、トロイの発掘も現実的なことになった。
いよいよ子ども時代からの夢に向かって本格的に取り組むことができるようになったんだ。さぞ嬉しかったことだろうね。

そうして、トロイ発掘に取りかかるんだ。今まで得た富をすべて、夢に注ぎ込んでね。それは彼が五十歳になる頃のことだった。彼が父親から話を聞いて胸をわくわくさせていた少年時代から半世紀近くたって、やっと夢実現のチャンスをつかんだんだね。

しかし、いろいろな国を探す必要があり、発掘にはその国の許可をもらうことなど、たくさんの苦労は幾重にもあった。そうしたことも、一つひとつ、彼は努力してクリアしていったんだ。

そして、紆余曲折《うよきょくせつ》の末、ついにその日が来るんだ。

そう。ヒッサリルクという丘の土の中から数々の財宝や宮殿跡を発見したんだよ。

それはトロイのものだと彼は信じた。大感激だっただろうね。幻が事実になったんだ。

後の調査で、その場所には九つの市が層になって埋まっていることがわかったんだ。

シュリーマンが発掘したのは「トロイ」の層ではなく、トロイよりもっと古いものだったんだよ。それが自分の目で確かめられる前に亡くなってしまったのは無念だったろうけど、その発見をもとに、ついには「伝説の都」とされていたトロイも見つかったんだ。

子どもの頃、信じたとおりだったんだね。

もちろん、最初から、ただ情熱だけでやみくもにトロイ探しをしても見つけられなかっただろう。十分にトロイ探しの土台づくりに励み、それができてから探したからこそ成功したんだ。

夢の実現には、まず、志を持ち続けることが大切だけど、それだけでは駄目で、夢を実現するためのしっかりした土台を作ることが大切だということなんだね。

もう一人、周到な準備と努力で、誰にもできなかった大事業を成し遂げた日本人を紹介しよう。

江戸時代の人で、伊能忠敬《いのうただたか》という。

この人は、車も電車も、コンピュータも、ドローンもない時代に、日本中を旅して日本地図を作った人だ。

「えー？　どうやって？」

歩いて。歩いて日本地図を作ったんだ。

「え――――？」

「できるの、そんなこと？」

できたんだ。しかもとても正確なんだ!!（伊能図の写真を見せる）

「え――――？」

「すごい！　どうやって作ったの？」

そりゃ、知りたいよね。じゃ、この正確な日本地図を歩いて作った偉人、伊能忠敬についてお話ししよう。

伊能忠敬は、江戸時代、現在の千葉県の漁師の家に生まれた人だね。

伊能家には、むこ養子で行ったんだ。伊能家は、酒やしょうゆの生産や運送業が家業だった。忠敬は、その商売を盛り立てて、村の名主《なぬし》にもなった。でも、五十歳になったときには隠居《いんきょ》して、若い頃から興味があった天文学や暦学《れきがく》の勉強に打ち込んだ。

そして、幕府の天文方《がた》だった高橋至時《よしとき》の弟子になるんだ。その頃、ロシアが蝦夷地《えぞち》（北海道）あたりに来るようになり、鎖国《さこく》をしていた江戸幕府は警戒するようになったんだ。そして、警備するためには蝦夷地の地図が必要ということになった。そこで、師匠の高橋が蝦夷地の測量を志願した。そして、忠敬が測量に行くことになった。そのときに作って幕府に差し出した地図が実に正確だったので、幕府はその力を認め、次々に日本各地の測量を忠敬に頼むようになっていったんだ。

実は、忠敬のもとの目的は、その頃の天文学者の夢「地球の緯度一度の距離を求めること」だったんだけどね。それもこうした測量の中で実現できた。

そして、幕府が測量の予算も出してくれることになったんだ。忠敬の仕事ぶりを完全に信頼したんだね。

結果、忠敬は、五十六歳から七十二歳までに、なんと三千七百三十六日の測量日数で、全行程三万五千百八キロの測量を実施したんだ。地球一周が約四万キロだから、五十六歳から、ほぼ地球一周したことになる。

距離を測るために用いた方法は主に「歩測」。歩幅《ほはば》で勘定《かんじょう》するわけ。一定の歩幅「一歩九十センチ」で歩く訓練もしたんだよ。やってみるとわかるけど、けっこうキツい歩幅だよ。それで、「いちっ、にっ、さん！」と歩いていって距離を測ったんだ。それも一日四十キロくらい歩くこともあったわけだから、体力だけではなくて、すごい根気が必要だよね。当時、五十六歳はれっきとした「おじいさん」だったのだし。

もちろん、歩幅だけで全行程測量できるわけがない。そこで、忠敬は、いろんな道具を創意工夫して作ったんだ。その執念はすごいよね。とにかく、正確に測りまくるんだってね。

たとえば、「間縄《けんなわ》」。今で言えば、巻き尺《じゃく》のようなもの。最初は、麻や藤の蔓、竹縄、鯨《くじら》のヒレなどが使われていたんだけど、天候や湿度によって伸縮して、微妙に長さが違ってきてしまうので、忠敬は鉄の鎖を使ったんだ。また、その鎖も、使っているうちに摩耗《まもう》したり、曲がったりして寸法が狂うことがあるので、毎日測って検定していたというんだ。また方位を知るために、杖に羅針盤《らしんばん》をつけた「杖先方位盤」なども用いたのだけど、刀など金属製のものを身につけていると、方位が狂うので、それは別の人に持たせていた。「羅針」という方位磁針も、従来のものは、針と受けの部分との摩擦が大きくて、正確に測れないというので、針は鋼鉄製でできるだけ細く尖《とが》らせ、受けの部分は水晶にしたんだ。ほかにも「半円方位盤」といって、従来の方位測定器を半円にすることによって、持ち運びやすくしたり、車輪の回転数によって距離が測れる「量《りょう》程車《ていしゃ》」なども考案したんだ。

自分の足で測れるなら、トレーニングで自分の足を物差しにしてしまい、正確に測る道具がないなら、自分で考案して作ってしまう、あったものには改良を加える、そして、とことん正確であることを目指す。そのためにやれることは全部やる。この根性がすごいよね。

とにかく、誠心誠意、全力で完成度の高いものを目指したんだね。

付録「ゆっくり急げ」

目標達成のための用意周到さの大切さをイメージさせるために、次のような話をしてきました。

黒板に書きます。

「ゆっくり急げ」

「えー⁉　なにそれ（笑）？」

「反対のことじゃん！」などという声が出ます。

これは帝政ローマの初代皇帝オクタヴィアヌス（BC六三～AD一四）の言葉です。

それもふざけて言った言葉ではありません。

「どういうこと？」

たとえば、ピラミッド知ってるよね。

あまり日数がないけれど、ピラミッドを締め切り日までに造らなきゃいけないという課題があったとする。

さぁどうする？

「そりゃ、大変な課題だね」

「まずは、大きな石を探すかな」

いくら急いでいても、その大きな石を持ってきてそのまま積み上げる……わけにはいかないよね。

「積めるはずないよ。四角く切らなきゃいけない」

そうだね、石にもいろんな形があるからね。丸い石では積めないね。
その前にどこの石を使うかを決めなきゃいけないね。
どう切って、どう運んでくるかってことも決めなきゃいけない。
これだけでもたいへんだけど、じゃ、石のことは解決したとする、さぁ積もう！
できる？
「無理だよ」
なぜ？

「一人じゃできない」

そうだね、人を雇わなきゃいけないな。

じゃ、人は十分集まった。さぁ積もう！……と思ってもできないんだよね。

なぜだかわかる？

「積み方もよく考えないと崩れてしまう」

そうだね。そういう技術者も必要だね。古墳時代から石積みのプロはいた。

お城の石垣もね。

じゃ、そうした技術者も呼んで、積み始めた。

……そしたら、崩れちゃった。

「え？」

地面が水平じゃなかったんだ。

「あーー」

で、やり直して、水平な土地に石を積み上げた。

……そしたら、また崩れちゃった。

「え？」

地盤沈下《じばんちんか》しちゃったんだ。重いからね。地盤が弱かったんだ。

「ああ――ひさん!!」

……というふうに見てくると、急いでピラミッドを造ると言っても、「ゆっくり」「じっくり」一つずつできる条件を整えていくしか「急ぐ」方法はないことが分かるね。

これが「ゆっくり急げ」ということなんだ。土台を作らずに作業を進めたって元の木阿弥《もくあみ》になってしまうことが多い。それこそ、最初から急いでは、完成は逆に「ゆっくり」になってしまうか、それどころか永久に「不可能」になってしまうかもしれないよね。

シュリーマンも伊能忠敬も、情熱とやる気だけで、遺跡探しや測量の旅に出ていたらどうなっていたか。トロイは見つからず、ひどい日本地図ができていたのは明白《めいはく》だよね。

二人とも、「ゆっくり」その条件をきちんと整えてから、「急いで」夢や目標に立ち向かっていったからこそできた偉業だね。自分の年齢や寿命、体力、予算などを考えると「ゆっくり」だけではきっと間に合わず、偉業は成し遂げられなかったよね。

「ゆっくり急げ」は、事を成すのにとても大切な心構えだよ。

この言葉を遺した、最初に話した皇帝オクタヴィアヌスも、先人の失敗から学んで、ゆっくり地固めをしてから皇帝になった人なんだ。焦《あせ》って権力を持つと、すぐにひっくり返されてしまうということがわかっていたんだね。

〈著者略歴〉

平光雄（たいら・みつお）

昭和32年愛知県生まれ。58年青山学院大学文学部教育学科（心理学コース）卒業後、愛知県で小学校教諭となり、学級担任を32年間務める。平成27年に退職するまで、問題を抱えた子どもたちを数多く立ち直らせるなど、プロ教師としての手腕が高く評価されてきた。平成28年逝去。著書に『子どもたちが身を乗り出して聞く道徳の話』『悩んでいた母親が一瞬で救われた子育ての話』（ともに致知出版社）『究極の説得力』（さくら社）『戦争とくらしの事典』（共著／ポプラ社）などがある。

子どもたちが目を輝かせて聞く偉人の話

平成二十七年八月二十五日第一刷発行
令和元年七月五日第三刷発行

著者　平　光雄
発行者　藤尾秀昭
発行所　致知出版社
〒150-0001東京都渋谷区神宮前四の二十四の九
TEL（〇三）三七九六—二一一一
印刷　㈱ディグ　製本　難波製本
落丁・乱丁はお取替え致します。（検印廃止）

ISBN978-4-8009-1081-3 C0095
ホームページ　http://www.chichi.co.jp
Eメール　books@chichi.co.jp

いつの時代にも、仕事にも人生にも真剣に取り組んでいる人はいる。
そういう人たちの心の糧になる雑誌を創ろう——
『致知』の創刊理念です。

私たちも推薦します

稲盛和夫氏　京セラ名誉会長
我が国に有力な経営誌は数々ありますが、その中でも人の心に焦点をあてた編集方針を貫いておられる『致知』は際だっています。

王　貞治氏　福岡ソフトバンクホークス取締役会長
『致知』は一貫して「人間とはかくあるべきだ」ということを説き諭してくれる。

鍵山秀三郎氏　イエローハット創業者
ひたすら美点凝視と真人発掘という高い志を貫いてきた『致知』に心から声援を送ります。

北尾吉孝氏　SBIホールディングス代表取締役執行役員社長
我々は修養によって日々進化しなければならない。その修養の一番の助けになるのが『致知』である。

渡部昇一氏　上智大学名誉教授
修養によって自分を磨き、自分を高めることが尊いことだ、また大切なことなのだ、という立場を守り、その考え方を広めようとする『致知』に心からなる敬意を捧げます。

致知出版社の人間力メルマガ（無料）　人間力メルマガ　で　検索
あなたをやる気にする言葉や、感動のエピソードが毎日届きます。